BEI GRIN MACHT SICH IHF
WISSEN BEZAHLT

I0009251

- Wir veröffentlichen Ihre Hausarbeit,
  Bachelor- und Masterarbeit

- Ihr eigenes eBook und Buch -
  weltweit in allen wichtigen Shops

- Verdienen Sie an jedem Verkauf

Jetzt bei www.GRIN.com hochladen
und kostenlos publizieren

Jochen Kohlhaas

Qualitätsmanagement beim Aufbau von Data Warehouses

GRIN Verlag

Bibliografische Information der Deutschen Nationalbibliothek:

Die Deutsche Bibliothek verzeichnet diese Publikation in der Deutschen National-
bibliografie; detaillierte bibliografische Daten sind im Internet über http://dnb.d-
nb.de/ abrufbar.

Dieses Werk sowie alle darin enthaltenen einzelnen Beiträge und Abbildungen
sind urheberrechtlich geschützt. Jede Verwertung, die nicht ausdrücklich vom
Urheberrechtsschutz zugelassen ist, bedarf der vorherigen Zustimmung des Verla-
ges. Das gilt insbesondere für Vervielfältigungen, Bearbeitungen, Übersetzungen,
Mikroverfilmungen, Auswertungen durch Datenbanken und für die Einspeicherung
und Verarbeitung in elektronische Systeme. Alle Rechte, auch die des auszugsweisen
Nachdrucks, der fotomechanischen Wiedergabe (einschließlich Mikrokopie) sowie
der Auswertung durch Datenbanken oder ähnliche Einrichtungen, vorbehalten.

Impressum:

Copyright © 2005 GRIN Verlag GmbH
Druck und Bindung: Books on Demand GmbH, Norderstedt Germany
ISBN: 978-3-638-66910-8

Dieses Buch bei GRIN:

http://www.grin.com/de/e-book/63137/qualitaetsmanagement-beim-aufbau-von-
data-warehouses

GRIN - Your knowledge has value

Der GRIN Verlag publiziert seit 1998 wissenschaftliche Arbeiten von Studenten, Hochschullehrern und anderen Akademikern als eBook und gedrucktes Buch. Die Verlagswebsite www.grin.com ist die ideale Plattform zur Veröffentlichung von Hausarbeiten, Abschlussarbeiten, wissenschaftlichen Aufsätzen, Dissertationen und Fachbüchern.

Besuchen Sie uns im Internet:

http://www.grin.com/

http://www.facebook.com/grincom

http://www.twitter.com/grin_com

Universität Trier

Lehrstuhl für Wirtschaftsinformatik II

Seminar
Data Warehousing

Thema: Qualitätsmanagement beim Aufbau von Data Warehouses

WS 2004/2005

Jochen Kohlhaas

Abstract

Qualitätssicherung bei Informationssystemen wird immer wichtiger, insbesondere bei Data Warehouse Systemen, da diese sehr komplexe Gebilde darstellen, bei denen es sehr wichtig ist, dass sie verlässliche Daten liefern. Ein Qualitätsmanagement soll daher insbesondere beim Aufbau einer Data Warehouse Lösung sicherstellen, dass alle Komponenten ordnungs-gemäß arbeiten und zuverlässige Informationen zur Unterstützung von Entscheidungen dem Management bereitstellen. Hierzu sind Maßnahmen notwendig, die Fehler im Entwicklungs-prozess vermeiden, entstandene Fehler lokalisieren und beheben sowie eine Organisations-struktur zur Qualitätssicherung aufbauen.

Inhaltsverzeichnis

1   Einführung 3

2   Qualitätsfaktoren in Informationssystemen 4
    2.1   Definition Qualität 4
    2.2   Datenqualität 5
    2.3   Informationsqualität 5
    2.4   Systemqualität 5

3   Qualitätsmanagement 6
    3.1   Phasen des Qualitätsmanagements 6
    3.2   Total Quality Management 7

4   Maßnahmen zur Qualitätssicherung 9
    4.1   Analytische Maßnahmen 9
    4.2   Konstruktive Maßnahmen 10
    4.3   Organisatorische Maßnahmen 10

5   Data Warehouse System 11
    5.1   Fehlerquellen im Data Warehouse 13
    5.2   Kosten von Fehlern 13

6   Testen im Produktlebenszyklus 15
    6.1   Testen der Anforderungsanalyse und des Entwurfes 15
          6.1.1   Review 16
          6.1.2   Walkthrough 16
    6.2   Testen der Implementierung 16
          6.2.1   Inspektion 17
          6.2.2   White-Box-Verfahren 17
          6.2.3   Black-Box-Verfahren 18
          6.2.4   Modultest 18
          6.2.5   Funktionstest 18
    6.3   Testen bei der Integration des Systems 19
          6.3.1   Massentest 19
          6.3.2   Stress Test 19
          6.3.3   Lasttest 20
          6.3.4   Recovery Test 20
    6.4   Testen im Betrieb 20
          6.4.1   Regressionstest 21

7   Zusammenfassung 22

Literaturverzeichnis 23

1   Einführung

Informationen aus internen und externen Quellen spielen in einem Unternehmen eine sehr große Rolle. Jeder Manager weiß wie unerlässlich es ist, die richtige Information zur richtigen Zeit zu bekommen, um damit korrekte Entscheidungen treffen zu können. Er muss sich also auf das System 100-prozentig verlassen können. Dazu ist es notwendig qualitätssichernde Maßnahmen einzusetzen, die garantieren sollen, dass das System genau das leistet, was es soll.

Data Warehouse-Systeme sind managementunterstützende Informationssysteme, die in den letzten Jahren immer häufiger in Unternehmen eingesetzt werden, um sich dadurch einen möglichen Wettbewerbsvorteil zu verschaffen. Es sind jedoch äußerst komplexe Systeme, mit vielen unterschiedlichen miteinander operierenden Hardware- und Softwarekomponenten. Damit solche Systeme ordnungsgemäß funktionieren und korrekte Daten zu jeder Zeit liefern, müssen verschiedene Maßnahmen zur Qualitätssicherung unternommen werden. Insbesondere beim Aufbau eines solchen Systems können sich Fehler einschleichen. Diese können beim späteren Einsatz der Software dazu führen, dass aufgrund von Störungen oder falschen Berechnungen, die Anwendung Probleme bereitet und dadurch dem Unternehmen keine Unterstützung leisten kann.

Im Kapitel 2 dieser Arbeit wird zunächst auf die Qualitätsfaktoren für Informationssysteme eingegangen. Dazu wird der Begriff Qualität definiert und aufgezählt welche Bereiche von Qualität in einem Informationssystem eine Rolle spielen.

In Kapitel 3 wird das Qualitätsmanagement in einem Unternehmen besprochen. Dabei wird das Modell des Total Quality Managements erklärt und die einzelnen Phasen des Qualitätsmanagements vorgestellt.

Die unterschiedlichen Arten von Qualitätssicherungsmaßnahmen werden in Kapitel 4 erläutert. Dabei wird hauptsächlich auf die analytischen Maßnahmen eingegangen, die in die beiden Hauptkategorien statische und dynamische Maßnahmen aufgeteilt sind.

Kapitel 5 beschäftigt sich mit der Data Warehouse Anwendung. Das System des Data Warehouse wird dabei kurz skizziert und die wichtigsten Komponenten angesprochen. Hier werden mögliche Fehlerquellen aufgezeigt und die Kosten von Fehlern besprochen.

Kapitel 6 bezieht sich auf spezielle Maßnahmen der Qualitätssicherung, die in den einzelnen Phasen des Produktlebenszyklus angewendet werden können.

2 Qualitätsfaktoren in Informationssystemen

Maßnahmen zur Qualitätssicherung in Informationssystemen stellen einen nicht gerade unerheblich großen Aufwand dar. Es ist jedoch notwendig in solchen Systemen einen hohen Grad an Qualität zu gewährleisten, um den Mitarbeitern eines Unternehmens ein zuverlässiges Werkzeug, zur Unterstützung ihrer Aufgaben, anbieten zu können.

2.1 Definition Qualität

Zunächst einmal wird der Ausdruck „Qualität" definiert, was nicht gerade einfach ist. Der Begriff Qualität wird in verschiedenen Normen beschrieben. Nach EN ISO 9000:2000 ist Qualität der Grad, in dem ein Satz inhärenter Merkmale Anforderungen erfüllt. Dies bedeutet, dass eine Ansammlung von kennzeichnenden Eigenschaften einer Einheit (Produkt) Anforderungen (Kundenwünsche) in einer bestimmten Güte erfüllen kann. Nach DIN 55350-11 ist Qualität die»Gesamtheit von Merkmalen (und Merkmalswerten) einer Einheit bezüglich ihrer Eignung, festgelegte und vorausgesetzte Erfordernisse zu erfüllen«. Eine Einheit steht in diesem Sinne für einen materiellen (z.B. ein Auto) oder einen immateriellen Gegenstand (z.B. Dienstleistung, Software). In der Literatur finden sich zudem unzählige weitere Sichtweisen und Ansätze zur Beschreibung von Qualität[1].

Software-Qualität wird nach der IEEE-Norm (IEEE Std 729-1983) folgendermaßen definiert:

1) Die Gesamtheit von Merkmalen und Charakteristiken eines Softwareproduktes, welches die Fähigkeit besitzt gewisse vorgeschriebene Anforderungen erfüllen zu können, beispielsweise gewissen Spezifikationen zu genügen.

2) Der Grad, zu dem Software eine Kombination von Eigenschaften erfüllt.

3) Der Grad, zu dem ein Benutzer das Gefühl hat, dass die Software seine Erwartungshaltung befriedigt.

4) Die zusammengesetzten Eigenschaften der Software, die den Grad bestimmen, zu dem die Software beim Gebrauch den Erwartungen des Kunden entspricht.

Welche Faktoren spielen nun eine wichtige Rolle, damit ein hohes qualitatives Niveau an ein Informationssystem sichergestellt werden kann? Nachfolgend werden die Qualitätsanforderungen in die drei Bereiche Daten-, Informations- und Systemqualität aufgeteilt [10].

---

[1] Vgl. hierzu Bächle, Qualitätsmanagement der Softwareentwicklung, 1996, S. 28ff

2.2   Datenqualität

Daten sind als reine Fakten zu interpretieren. Ein Beispiel für auftretende Fehler bei Daten ist wenn in der Datenbank eines Unternehmens falsche Werte bei den Umsatzzahlen eingetragen wurden oder Umsätze einiger Filialen versehentlich nicht mit in die Berechnung eingegangen sind. Daten dürfen also keine inkorrekten Werte aufweisen. Die Datenqualität ist umso höher je genauer die Realwelt durch den Dateninhalt wiedergegeben wird. Für die Datenqualität sind nun folgende Qualitätsanforderungen zu stellen:

- Konsistenz (Widerspruchsfreiheit)
- Korrektheit (Übereinstimmung mit Realität)
- Vollständigkeit (keine fehlenden Werte oder Attribute)
- Genauigkeit (z.B. Anzahl der Nachkommastellen)

2.3   Informationsqualität

Nach Definition ist Information gleich Daten und der Interpretierbarkeit dieser Daten. Information sind also Fakten, die in einem Kontext dargestellt sind und dadurch eine Bedeutung erlangen.

Ein „Informationsfehler" liegt nun vor, wenn (korrekte) Daten, in einen falschen Kontext gebracht werden, z.B. wenn auf einer Buchung nur ein Betrag steht und keine Angabe dabei, ob es sich um Soll- oder Haben handelt. Um solche Fehler zu vermeiden ist es notwendig Daten so in einem Kontext darzustellen, dass sie nicht falsch interpretiert werden können. Eine gute Darstellung der Daten bedeutet somit eine hohe Informationsqualität.

2.4   Systemqualität

Neben den Qualitätsfaktoren für Daten und Information müssen bei einem Informationssystem auch Qualitätsfaktoren, welche sich auf das ganze System beziehen, festgelegt werden. Hierzu zählen [10]:

- Systemverfügbarkeit (wie häufig steht das System zur Verfügung)
- Transaktionsverfügbarkeit (wie häufig werden Anfragen an das Datenbanksystem ausgeführt)
- Sicherheit (umfasst alle Vorgänge zur Gewährleistung des Zugangs nur autorisierter Mitarbeiter)
- Antwortzeit (wie lange braucht das System für eine Anfrage)

3 Qualitätsmanagement

Das Qualitätsmanagement ist ein Managementsystem, das der Sicherstellung einer definierten Qualität der Produkte (auch Dienstleistungen) dienen und damit zumeist auch einen Beitrag zur Senkung von Fehlerkosten haben soll. Es umfasst nach ISO 8402 alle Tätigkeiten des Gesamtmanagements, die im Rahmen des Qualitätsmanagement-Systems die Qualitätspolitik, die Ziele und Verantwortungen festlegen sowie diese durch Mittel wie Qualitätsplanung, Qualitätslenkung, Qualitätssicherung und Qualitätsverbesserung verwirklichen (s. Abbildung 1 Phasen des Qualitätsmanagements).

Im Softwarebereich ist Qualitätsmanagement nun die „Gesamtheit der Maßnahmen und Hilfsmittel, die dazu eingesetzt werden, um den Anforderungen an das Softwareprodukt und an dessen Entwicklungs- und Pflegeprozess zu entsprechen."[2]

Unter der Qualitätspolitik versteht man grundlegende Absichten und Zielsetzungen einer Organisation im Hinblick auf Qualität, wie sie von der obersten Leitung formell ausgedrückt werden [13]. Dabei legt die Qualitätspolitik die Unternehmensziele bezüglich Qualität fest. Dies kann z.B. der Qualitätsstandard eines Produktes oder Dienstleistung sein oder die Festlegung des Kundenservice oder der Garantieansprüche.

3.1 Phasen des Qualitätsmanagements

Zur Erreichung der festgelegten Ziele der Qualitätspolitik bedient sich das Qualitätsmanagementsystem folgender Mittel, die in einzelne Phasen aufgeteilt sind und einen Zyklus bilden.

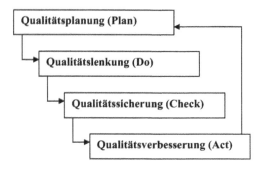

Abbildung 1: Phasen des Qualitätsmanagements (PDCA-Zyklus) [9]

- **Qualitätsplanung (quality planning).** In der Qualitätsplanung geht es darum die Qualitätsziele zu vereinbaren und die dafür notwendigen Prozesse aufzustellen und deren Ressourcen zu planen. Es wird also festgelegt, was man erreichen will und was dazu benötigt wird. Für die Softwareentwicklung im Speziellen bedeutet dies z.B. die saubere Anfertigung der Anforderungsspezifikationen.

- **Qualitätslenkung (quality control).** Bei der Qualitätslenkung werden konkrete Maßnahmen des vorher festgelegten Plans umgesetzt. Es werden Prozesse zur Qualitätssicherung durchgeführt, um die selbst gesetzten Anforderungen zu erfüllen. Hierbei handelt es sich um Konstruktive Maßnahmen, d.h. durch präventive Vorbeugung soll sichergestellt werden, dass Fehler erst gar nicht auftreten können.

- **Qualitätssicherung (quality assurance).** Bei der Qualitätssicherung geht es um die Überwachung und Überprüfung der durchgeführten Prozesse. Es wird überprüft, ob die Ziele, die in der Planungsphase aufgestellt worden sind erfüllt wurden oder ob Fehler aufgetreten sind. Bei der Qualitätssicherung kommen vor allem Analytische Maßnahmen zum Einsatz, die durch nachträgliches Prüfen eine Qualitätskontrolle vornehmen.

- **Qualitätsverbesserung (quality improvement).** Bei der Qualitätsverbesserung geht es zum einen um die Behebung der bei der Prüfung gefundenen Qualitätsmängel und um eine mögliche Modifikation des Qualitätsmanagementsystems aufgrund von Auswertungen oder Messungen [5]. Es geht hier also um die Weiterentwicklung und Verbesserung von Abläufen und Prozessen. Diese Erkenntnisse können dann wiederum in eine weitere Phase der Qualitätsplanung eingehen.

3.2 Total Quality Management

Die Bedeutung von Qualität hat in den letzten Jahren stark zugenommen. Um die gesteigerten Ansprüche im Unternehmen verwirklichen zu können, bedarf es einer Ausweitung der qualitätssichernden Maßnahmen. Es muss über die operativen Unternehmensebenen hinaus eine managementorientierte Betrachtung der Qualität gefordert werden. Dies impliziert eine Integration eines jeden Mitarbeiters im Unternehmen zur Steigerung der Qualität von Produkt und Prozessen. Qualität darf somit nicht einfach die eigenständige Aufgabe einer Abteilung sein, sondern muss in die Unternehmensabläufe integriert werden [1]. Im Konzept des Total Quality Managements wird dies verwirklicht. „Total Quality Management stellt eine Führungsphilosophie dar, die auf der Mitwirkung aller Mitglieder eines Unternehmens beruht und Qualität in den Mittelpunkt stellt" [4]. Es beinhaltet zudem die Strategie, die Kundenzufriedenheit durch qualitativ hochwertige Produkte zu erlangen, um sich dadurch einen langfristigen Geschäftserfolg zu verschaffen.

In Abbildung 2 wird das Gesamtkonzept des Total Quality Managements veranschaulicht. Die Managementebene definiert die Qualitätspolitik und –strategie eines Unternehmens. Diese wird von dem Qualitätsmanagementsystem konkretisiert und umgesetzt. Darüber hinaus ist bei einem Total Quality Management eine kontinuierliche Verbesserung der Prozesse und der Qualifikation der Mitarbeiter (bspw. durch Weiterbildung) vorgesehen.

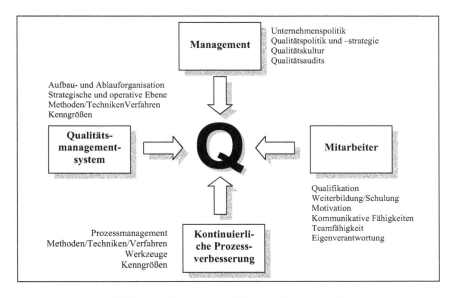

Abbildung 2: Konzept des Total Quality Managements [1]

4 Maßnahmen zur Qualitätssicherung

Softwarelösungen oder im Speziellen das Data Warehouse System müssen so entwickelt werden, dass Fehler weitestgehend vermieden werden. Qualitätssicherung lässt sich durch eine Reihe von Maßnahmen erzielen, die in den Softwareentwicklungsprozess mit eingebunden sind. Diese unterteilen sich in folgende Kategorien bezüglich ihrer Wirkungsart:

- Analytische / prüfende Maßnahmen
- Konstruktive Maßnahmen
- Organisatorische Maßnahmen

4.1 Analytische Maßnahmen

Wie bereits in Kapitel 3.1 angesprochen dienen analytische Maßnahmen der Qualitätssicherung des zu entwickelnden Software-Produktes und seiner Zwischenprodukte. Darunter versteht man alle Maßnahmen zur Erkennung und Lokalisierung von Mängeln und Fehlern [13]. Dabei wird die Software einer Prüfung unterzogen, um die erzielte Qualität zu messen und sie mit den vorgelegten Anforderungen zu vergleichen.

Ein Fehler liegt immer dann vor, wenn das zu testende Programm zum einen nicht das tut, was es soll und zum anderen das tut, was es nicht soll. Die Aufgabe von Prüfungen und Tests soll es sein, Fehler zu finden. Man beachte die Intention (vgl. [3]): „Das Ziel des Testens ist nicht der Nachweis der Korrektheit oder sogar Fehlerfreiheit von Software, sondern umgekehrt die Aufdeckung von Fehlern." Es gibt keine größere Anwendung, die ganz ohne Fehler ist (s. Microsoft). Ein Test ist also nicht dann erfolgreich, wenn er keinen Fehler feststellt, im Gegenteil, ein guter Test zeichnet sich genau dadurch aus, dass er viele Fehler findet.

Ein wichtiger Grundsatz ist, dass der Programmierer nicht sein eigenes Programm testen sollte, da er niemals einen objektiven Test durchführen könnte. Dies liegt in der Psychologie des Menschen. Testen sollte ein destruktiver Prozess sein, damit er erfolgreich ist. Es werden dabei nicht die Stärken des Programms aufgezeigt, sondern die Schwächen und Fehler. Dies kann für den Schöpfer, also den Programmierer, ziemlich frustrierend sein und somit wird er beim Testen nicht besonders motiviert an die Sache herangehen.

Zur Überprüfung der Software steht eine Vielzahl von Methoden zur Verfügung, die in statische und dynamische Prüfungen unterteilt werden können. In der Literatur wird allerdings auch öfters eine andere Einteilung in Verfahren mit und ohne Computereinsatz vorgenommen. Bei den statischen Prüfungen wird der Quellcode auf Fehler hin analysiert ohne dabei das eigentliche Programm selber auszuführen. Es werden hier meist manuelle Verfahren eingesetzt. Bei den dynamischen Prüfungen wird, um Fehler zu finden, die zu prüfende Software ausgeführt. Dabei wird geprüft, ob sich das Programm so verhält, wie es in der Spezifikation gefordert wird [13].

4.2   Konstruktive Maßnahmen

„Im Gegensatz zu den analytischen Maßnahmen ist das Ziel der konstruktiven Maßnahmen nicht die Ermittlung, sondern die Vermeidung von Fehlern [1]." Es sind demnach präventive Maßnahmen, um die Qualität während der Produktion oder Entwicklung sicher zu stellen. Dazu zählen technisch-konstruktive Qualitätssicherungsmaßnahmen, wie z.B. die Anwendung von Methoden und Werkzeugen sowie Maßnahmen des Projektmanagements zur Erstellung von Projekt- und Entwicklungsplänen [13]. Aber auch Weiterbildungsmaßnahmen des Personals gehören in diesen Bereich.

4.3   Organisatorische Maßnahmen

„Um die konstruktiven und analytischen Qualitätssicherungsmaßnahmen durchführen zu können, sind organisatorische und personelle Vorkehrungen zu treffen [13]." Die Organisatorischen Maßnahmen geben Richtlinien und Vorgaben zum Ablauf und zur Organisation der Qualitätssicherung vor. Diese sind z.B. für die Durchführung der analytischen Tests, die Planung der Testaktivitäten und die Erstellung eines Testfallkataloges, bei dem die durchzuführenden Testfälle möglichst effizient zu gestalten sind, um mit einer relativ kleinen Anzahl von Testfällen eine möglichst große Abdeckung zu erzielen [3].

5 Data Warehouse System

"Mit dem Begriff Data Warehouse i.e.S. wird generell eine von den operationalen DV-Systemen isolierte Datenbank umschrieben, die als unternehmensweite Datenbasis für Management-Unterstützungssysteme dient [3]."

Ein Data Warehouse System (s. Abbildung 3) extrahiert mit Hilfe von Auswertungsprogrammen (so genannten Wrappern) aus unterschiedlichen internen und externen Quellen strukturierte und unstrukturierte Daten, die bereinigt, transformiert und in einer standardisierten Form in einer Datenbank abgelegt werden. Dieser Vorgang wird als Extraktion-Transformation-Lade-Prozess (ETL-Prozess) bezeichnet und kann periodisch durchgeführt werden, so dass Daten auch unter dem Aspekt Zeit in der zentralen Datenbank des Data Warehouse festgehalten werden können.

Mit Hilfe von Metadaten (Regeln, Ausführungsanweisungen), die in einem Repository gespeichert sind, werden die Daten des Data Warehouse nun den Vorschriften entsprechend aggregiert und selektiert und in spezielle Data Marts abgelegt, wo sie den einzelnen Anwendungen zur Verfügung stehen. Data Marts sind demnach anwendungsbezogene Teilsichten auf das Data Warehouse, die nur einen speziellen Ausschnitt aus der zentralen Datenbank enthalten.

Analyseanwendungen wie z.B. die OLAP-Anwendung (**On**line **A**nalytic **P**rocessing) oder Data Mining –Tools können nun auf die Data Marts zugreifen und die Daten für ihre Zwecke entsprechend auswerten.

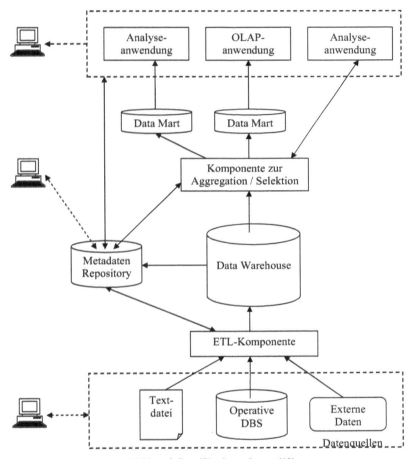

Abbildung 3: Data Warehouse System [10]

5.1 Fehlerquellen im Data Warehouse

Bei der Vielzahl, der am Data Warehouse beteiligten Prozesse, Schnittstellen, Soft- und Hardwarekomponenten ist es leicht vorstellbar, dass in so einem System sehr viele unterschiedliche Fehlerquellen auftreten können. Die Ursache für ein nicht ordnungsgemäß laufendes System oder falsche Berechnungen ist nicht immer leicht auszumachen. Hier einige Beispiele für mögliche Ursachen von falschen Werten eines Data Warehouse Systems (nach Conrad W. [3]):

a) Die importierten Daten aus internen (z.b. operative DB) oder externen Quellen (z.b. von einem Meinungsforschungsunternehmen) sind bereits fehlerhaft.

b) Durch nicht korrekt spezifizierte Transformationsregeln können beim Import von Daten Fehler auftreten.

c) Die Prozeduren der Input-Schicht zum Datentransport in das Data Warehouse sind fehlerhaft.

d) Auch beim Export der Daten aus dem Data Warehouse an die weiterverarbeitenden Komponenten können Spezifikationsfehler die Ursache für falsche Werte sein.

e) Die Prozeduren der Output-Schicht zur Datenextraktion für die Weiterverarbeitung können fehlerhaft sein.

f) Die Datenbankabfrage liefert korrekte Informationen, aber das weiterverarbeitende Programm (z.B. OLAP-Anwendung) hat funktionale Fehler.

5.2 Kosten von Fehlern

Aufgrund der hohen Komplexität eines Data Warehouses ist die Gefahr, dass das komplette System aufgrund seiner hohen Fehleranfälligkeit unbrauchbar wird, sehr hoch. Wo und wann entstehen also die Fehler eines Data Warehouse Systems?

Im Folgenden werden die Fehler beim Aufbau des Data Warehouses betrachtet, das wie jede andere Software verschiedene Entwicklungsstufen zu durchlaufen hat. Abbildung 4 zeigt welche Fehleranteile in den einzelnen Phasen entstehen und wie viel Prozent davon in den Test- und Reviewphasen sowie bei der Produktbetreuung entdeckt werden. Die Breite des Fehlerstroms ist jeweils ein Maß für die Fehlerzahl, die unentdeckt geblieben ist [12]. Es gilt dass Fehler, die am Anfang entstehen hohe Kosten verursachen, da sie in den weiteren Verlauf der Entwicklung mit eingehen. Zudem bedeuten Fehler, die erst sehr spät gefunden werden, höhere Kosten als Fehler, die bereits frühzeitig erkannt werden können. Es ist also erstrebenswert, auch aus wirtschaftlichen Gründen, Fehler frühzeitig zu erkennen und zu beheben. Es reicht daher nicht aus sich auf das Testen der fertig implementierten Software zu beschränken. Vielmehr bedarf es regelmäßige dem Entwicklungsprozess begleitende Maßnahmen wie Tests oder Reviews, um eine Verbesserung zu erzielen.

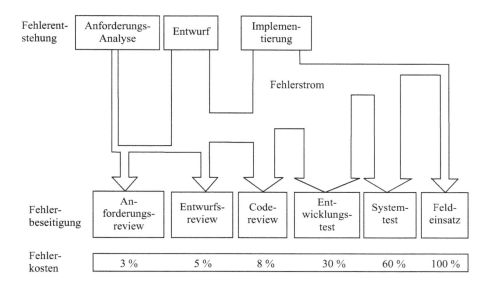

6   Testen im Produktlebenszyklus

Geht man bei der Softwareentwicklung nach dem klassischen Wasserfallmodells vor, tritt die eigentliche Testphase erst nach der Implementierungsphase auf. Wie in Kapitel 5.2 bereits geschildert, verursacht ein Fehler in der Anforderungsdefinition, der erst sehr spät entdeckt wird, wesentlich höhere Fehlerbehebungskosten als wenn dieser in der Anforderungsphase entdeckt und direkt behoben werden kann [13]. Aus diesem Grunde ist es gerade in den frühen Entwicklungsphasen wichtig, Fehler so früh wie möglich aufzuspüren.

Testen sollte somit ein integraler Bestandteil des Entwicklungsprozesses sein und in jede Phase der Entwicklung (s. Abbildung 5) integriert werden. „Es sollte keine neue Phase begonnen werden, solange nicht die Ergebnisse der vorhergehenden Phase getestet worden sind" [8].

Abbildung 5: Lebenszyklus der Software-Entwicklung

6.1   Testen der Anforderungsanalyse und des Entwurfes

In den Anfangsphasen der Softwareentwicklung werden vorwiegend weniger formale Dokumente angefertigt, wie z.B. das Lasten- oder das Pflichtenheft. Dies macht es sehr schwer hier automatisierte Testverfahren einzusetzen, da ein natürlichsprachig formuliertes Dokument schwerer zu testen ist wie ein Programm, das auf einer formalen Grammatik aufgebaut ist. Zudem muss in den ersten Phasen der Softwareentwicklung auch die Vollständigkeit und Konsistenz der Dokumente überprüft werden [8]. Es muss also sichergestellt werden, dass alle geforderten Funktionen und Schnittstellen in die Anforderungsanalyse mit aufgenommen werden und im Entwurf dargestellt sind. Auch sollten anfangs definierte Begriffe nicht in einem späteren Stadium die gleiche Bedeutung haben oder verschiedene Bezeichnungen für ein und denselben Begriff verwendet werden.

Bei natürlichsprachigen Dokumenten in der Anforderungsanalyse und im Entwurf gibt es die folgenden zwei wichtigen Prüfverfahren:

6.1.1 Review

Reviews überprüfen am Ende jeder Entwicklungsphase den Fortschritt und die Qualität der in ihr produzierten Zwischenprodukte. Die an der Erstellung beteiligten Personen entscheiden dann über den weiteren Verlauf der Entwicklung. Reviews sind nur wenig formalisiert und daher besonders gut geeignet zur Kontrolle von Entwürfen und Dokumentationen, die nur sehr schwer, mit Hilfe eines automatisierten Testprogramms, überprüfbar sind. Besonders beliebte Prüfmethoden sind daher die Anforderungs- und Entwurfsreviews.

6.1.2 Walkthrough

Bei einem Walkthrough wird das zu prüfende Dokument (z.B. Anforderungsdefinition, Enwurfsmodell) in einem Team durchgesprochen. Die Teilnehmer bei einem Walkthrough sind der Autor des Dokuments, der Tester, ein Schreiber (protokolliert die Fehler) und der Moderator. Im Vorfeld der gemeinsamen Sitzung werden von dem Tester, der sich dazu intensiv mit dem Dokument vertraut machen muss, einige Fragen vorbereitet, die in der Gruppe beantwortet werden [7].

6.2 Testen der Implementierung

Bei der Entwicklung der Software durchläuft das Programm verschiedene immer komplexer werdende Ausbaustufen. Zunächst werden einzelne abgeschlossene Module entwickelt, die im späteren Verlauf in das Programm eingefügt werden (s. Abbildung 6). Anschließend erfolgt dann die Integration des Programms auf der Hardwareebene.

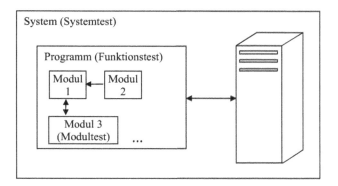

Bei der Implementierung können eine Reihe von manuellen oder automatisierten Methoden eingesetzt werden, um Fehler im Quellcode des Programms zu lokalisieren. Darunter zählen statische Prüfungen wie die Codeinspektion oder auch der Walkthrough, der schon in den früheren Phasen eingesetzt wurde. Bei dem Walkthrough in der Implementierungsphase wird nun allerdings der Quellcode des Programms besprochen. Hierzu macht sich der Tester im Vorfeld der gemeinsamen Sitzung intensiv mit dem Programmcode vertraut und bereitet einige Testfälle vor, die von der Gruppe durchgespielt werden. Bei den Testfällen handelt es sich um ein Bündel von möglichen Eingaben und dazu erwarteten Ausgaben. Die Teilnehmer spielen nun quasi Computer, indem sie anhand der Testeingaben die Abläufe des Programms oder eines Moduls (mit Hilfe des Programmcodes) durchgehen und überprüfen, ob alle Funktionen die richtigen Werte ausgeben [7][8][11].

Neben den statischen kommen aber auch dynamische Prüfverfahren dazu, die in funktionale Tests (Black-Box-Verfahren) und Strukturtests (White-Box-Verfahren) unterschieden werden.

6.2.1   Inspektion

Inspektionen sind statische Prüfungen, bei denen der Quellcode auf Fehler untersucht wird, ohne das Programm selber auszuführen. Die einfachste Form der Inspektion ist die des Schreibtischtests. Hierbei führt der Softwareentwickler die Überprüfung des Programmcodes selber durch. Er kann das Programm mit Hilfe einer Fehlerliste testen oder einen Testfall mit Testdaten simulieren.

Bei der Codeinspektion ist es ein Team von Prüfern, die gemeinsam den Quellcode des Programms nach Fehlern durchsuchen, nach dem Motto „Vier Augen sehen mehr als zwei". Die Codeinspektion ist zudem durch Anwendung von Checklisten auch formeller als der normale Schreibtischtest. Das Inspektionsteam besteht in der Regel aus vier Personen, dem Moderator (ein kompetenter Programmierer), dem Programmautor, dem Programmdesigner und einem Testspezialisten [7].

6.2.2   White-Box-Verfahren

Bei den White-Box-Verfahren (auch Strukturtests genannt, s. Abbildung 6) ist der Programmcode zugänglich und der innere Aufbau der Module für den Tester bekannt. Er hat nun dadurch die Möglichkeit mit Hilfe dieser Information sehr präzise Testfälle zu generieren, die möglichst den kompletten Funktionsumfang der Software überprüfen. Durch eine effiziente Definition der Testfälle kann dadurch eine sehr hohe Testabdeckung erreicht werden [3]. „Ein *vollständiger Test* ist jener, bei dem jeder Pfad von jedem Eingang zu jedem Ausgang des Moduls durchlaufen wird [13]."

Aufgrund der kombinatorischen Vielfalt ist es jedoch nicht möglich sämtliche unterschiedlichen Eingabekombinationen zu testen und eine komplette Pfadabdeckung durch alle Verzweigungen des Programms zu bekommen.

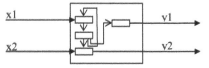

6.2.3 Black-Box

Abbildung 7: White-Box [6]

Beim Black-Box-Verfahren (s.Abbildung 7) liegt der Programmcode dem Tester nicht vor, d.h. er ist nicht in der Lage nachzuvollziehen welche Abläufe sich im Programminneren abspielen. Er bekommt auf seine Testeingaben nur die aus dem Programm resultierenden Ausgaben angezeigt. Black-Box-Verfahren bedingen daher die Ausführung der zu testenden Software.

Black-Box-Tester sollten das Programm auch auf fehlerhafte und ungültige Eingaben überprüfen, damit diese durch eine Fehlerbehandlung aufgefangen werden.

6.2.4 Modultest

Für das Testen einzelner Module, welche zeitlich vor dem Systemtest stehen sollten, eignen sich sowohl White-Box- als auch Black-Box-Verfahren. Die Aufgabe des Modultestes ist die Überprüfung der Testergebnisse mit den Spezifikationen aus der Anforderung. „Während beim White-Box-Ansatz gezielt der Weg durch möglichst viele Programmverästelungen gesucht wird, interessieren den Black-Box-Test nur die an der Modulschnittstelle sichtbaren Resultate der Programmausführung unter verschiedenen Parameterkonstellationen" [3].

6.2.5 Funktionstest

Die nächst höhere Ebene (s. Abbildung 6), nach dem Testen der einzelnen Module, ist die zur Überprüfung des korrekten Zusammenspiels der einzelnen Module. In einem Funktionstest werden die Testfälle auf der Grundlage der Programmspezifikationen erstellt und alle Funktionen des Programms überprüft und mit den Spezifikationen abgeglichen.

Hierfür werden meistens Black-Box-Verfahren eingesetzt, da bei Tests, die über die Modulebene hinausgehen die Sinnfälligkeit von White-Box-Prüfungen endet [3].

6.3 Testen bei der Integration des Systems

Bei der Integration des Programms in seine Hardwareumgebung muss das System als Ganzes getestet werden (s. Abbildung 6). Der Systemtest darf nicht mit dem Funktionstest verwechselt werden. Der Systemtest geht über das bloße Testen aller Funktionen des gesamten Systems hinaus. Er umfasst eine Reihe von verschiedenen Testaufgaben, die das Ziel haben, Fehler im Leistungsverhalten eines Programms oder Programmsystems aufzuspüren [3]. Dabei kommt es auf das Zusammenspiel von Soft- und Hardwarekomponenten an. In die Kategorie der Systemtests gehört u.a. der Massentest, der Stress Test und der Lasttest.

6.3.1 Massentest

Der Massentest ist darauf ausgelegt, die Grenzen der Belastbarkeit eines Programms auszutesten [11]. Es geht darum das System durch eine große Menge von Daten zu belasten und auszuloten wo die Grenzen liegen. Für ein Data Warehouse System spielt der Massentest eine ganz wichtige Rolle, da hier die Flut von Daten, die aus internen und externen Quellen importiert, in eine andere Darstellung transformiert und an andere Anwendungen wieder exportiert werden, sehr gewaltig ist. Die Prozeduren des Systems müssen der Belastung von Massendaten standhalten können.

6.3.2 Stress Test

Bei einem Stresstest geht es darum ein Programm innerhalb eines kurzen Zeitraums einer hohen Belastung des Systems auszusetzen, nicht durch eine hohe Zahl an Daten wie beim Massentest, sondern durch eine hohe Anzahl von Benutzeraktionen und Interaktionen mit dem System. Ein Beispiel für einen Stresstest ist das extrem häufige Aufrufen gewisser Programmfunktionen innerhalb kürzester Zeit. Diese Verfahren stoßen relativ schnell an die Grenzen des manuellen Testens. Hier bedarf es also der Unterstützung durch spezielle Testtools, wie z.B. Capture Replay-Werkzeuge für die wiederholte Ausführung von Oberflächenfunktionalitäten [3].

6.3.3 Lasttest

Bei einem Lastest wird die Zuverlässigkeit der Software unter hohen Anforderungen über einen längeren Zeitraum getestet. Dies geschieht z.B. durch gleichzeitige Zugriffe mehrerer Benutzer auf das System. Es soll dabei sichergestellt werden, dass trotz hoher Belastung serverseitiger Prozesse die Systemstabilität nicht darunter zu leiden hat. Dies ist vor allem auch für Data Warehouse Systeme sehr wichtig. Kritische Faktoren, die es bei einer Simulation mehrerer Benutzer zu untersuchen gilt, sind (nach [3]):

- die Hardwarekonfiguration auf Client- und Serverseite sowie Betriebssysteme und Netzsoftware
- das Datenbankmanagementsystem als weitere systemtechnische Softwarekomponente
- die Datenbank(en) mit Inhalten des Data Warehouse
- die direkt mit dem Data Warehouse kommunizierenden Programme

6.3.4 Recovery Test

Bei vielen System wie auch dem Data Warehouse System ist es nicht nur wichtig, dass die Software richtig funktioniert, sie muss auch bei einem Programmabsturz oder Hardwarefehlern (Festplattencrash, Stromausfall) dafür Sorge tragen, dass die ursprüngliche Konfiguration mit den Daten wiederhergestellt werden kann [11]. Es ist also nun Aufgabe des Recovery Tests nach dem Ausfall des Systems die Software zu testen, ob geeignete Schutzvorrichtungen wie Backup- oder Recoverymaßnahmen das System wieder herstellen können und dabei Daten nicht verloren gegangen oder inkonsistent geworden sind.

6.4 Testen im Betrieb

Bei einer so umfangreichen Software wie dem Data Warehouse kann es in regelmäßigen Abständen vorkommen, dass das Programm oder Teile davon in der operationalen Phase überarbeitet oder auf neue veränderte Umweltgegebenheiten angepasst werden muss. Dies führt unweigerlich dazu, dass das Programm sich erneuten Tests unterziehen muss.

6.4.1 Regressionstest

„Der Regressionstest ist die Phase, die man nach einer funktionellen Verbesserung oder einer Reparatur eines Programms durchführt. [7]" Dies kann eine sehr kostspielige und mühselige Angelegenheit sein, da es auch für den Tester eine menschliche Belastung darstellt, wenn er immer wieder dieselben Tests durchgehen muss. Der Regressionstest ist jedoch außerordentlich wichtig, da sich durch Änderungen in einem Teil des Programms sehr häufig Fehler einschleichen, die man erst nicht bemerkt, die aber Auswirkungen auf andere Teile des Programms haben können. Aus Erfahrung entstehen beim Ändern bestehender Systeme mehr Fehler als in der Entwicklung [8]. Um die Fehlerbehebungskosten gering zu halten ist es hilfreich eine genaue Testplanung aufzustellen, in der die Testfälle ausgesucht werden, die mit großer Wahrscheinlichkeit zur Fehlerfindung führen. Zudem sollte beim Regressionstest nicht auf den Einsatz von maschinellen Testwerkzeugen verzichtet werden, da sie eine erhebliche Erleichterung beim Testen mit sich bringen.

7 Zusammenfassung

In dieser Arbeit wurde auf die Bedeutung von Information und von Informationssystemen wie dem Data Warehouse hingewiesen. Data Warehouse Systeme haben die Aufgabe zuverlässige Information zu jeder Zeit zur Verfügung zu stellen. Daraus ergeben sich die Qualitätsanforderungen an die zu speichernden Daten, die dargestellte Information und das gesamte System. Zur Sicherstellung der Qualität bedarf es einem Qualitätsmanagement, welches im gesamten Unternehmen und bei allen Mitarbeitern verankert ist (Total Quality Management).

Data Warehouse Systeme sind sehr komplexe und daher besonders fehleranfällige Systeme. Damit diese dennoch zuverlässige Informationen liefern können bedarf es eine dem Entwicklungsprozess von Data Warehouse Systemen begleitende Qualitätssicherung. Diese sorgt dafür, dass in den einzelnen Entwicklungsphasen eine Fülle von unterschiedlichen qualitätssichernden Maßnahmen ergriffen werden.

Literaturverzeichnis

[1]   Bächle, M (1996). Qualitätsmanagement der Softwareentwicklung, Deutscher U-
        niversitäts Verlag 1996.

[2]   Biffle Stefan (2004). Skript Qualitätsmanagement; Website der Technischen Uni-
        versität Wien, Institut für Softwaretechnik und interaktive Systeme.
        URL:
        http://qse.ifs.tuwien.ac.at/courses/skriptum/download/03P_QM_wid_20040204.p
        df, Verifizierungsdatum 09.01.2005

[3]   Conrad W., Mucksch, H., Behme, W. (Hrsg.): Das Data Warehouse-Konzept: Ar-
        chitektur - Datenmodelle - Anwendungen; mit Erfahrungsberichten. 4. Auflage,
        Gabler, Wiesbaden 2000.

[4]   DEUTSCHE GESELLSCHAFT FÜR QUALITÄT E.V. (Hrsg.) [Begriffe, 1993]:
        Begriffe zum Qualitätsmanagement. DGQ-Schrift 11-04, 5. Aufl., Berlin 1993.

[5]   Glinz M. (2004). Software-Qualitätsmanagement; Website der Universität Zürich,
        Institut für Informatik.
        URL: http://www.ifi.unizh.ch/groups/req/ftp/kvse/kapitel_07.pdf, Verifizierungs-
        datum 09.01.2005

[6]   Glinz M. (2004). Testen; Website der Universität Zürich, Institut für Informatik.
        URL: http://www.ifi.unizh.ch/groups/req/ftp/kvse/kapitel_10.pdf, Verifizierungs-
        datum 09.01.2005

[7]   Myers G. J. (1989): Methodisches Testen von Programmen. 3. Auflage, R. Ol-
        denbourg Verlag München Wien 1989

[8]   Parrington N. (1991). Software-Test; Ziele, Anwendungen, Methoden. McGraw-
        Hill 1991

[9]   Pepels W. (1996). Qualitätscontrolling bei Dienstleistungen, Verlag Franz Vahlen
        München 1996.

[10]   Scherz R. (2000). Qualitätsaspekte für Data Warehouse Systeme; Diplomarbeit im
        Fach Informatik an der Universität Zürich
        URL:
        http://www.ifi.unizh.ch/ifiadmin/staff/rofrei/DA/DA_Arbeiten_2000/Scherz_Ren
        ate.PDF, Verifierungsdatum 09.01.2005

[11]   Thaller G. E. (1994). Verifikation und Validation; Software-Test für Studenten
        und Praktiker. Vieweg 1994

[12]   Trauboth H. (1993). Software-Qualitätssicherung, Konstruktive und analytische
        Maßnahmen.R. Oldenbourg Verlag München Wien 1993

[13]   Wallmüller E. (1990). Software-Qualitätssicherung in der Praxis. Carl Hanser
        Verlag München Wien 1990

www.ingramcontent.com/pod-product-compliance
Lightning Source LLC
LaVergne TN
LVHW042313060326
832902LV00009B/1453